ME N'OBLIEZ PAS

Livre de coloriage pour l'Alzheimer

Coloring Bandit

Publié par Speedy Publishing Canada Limited

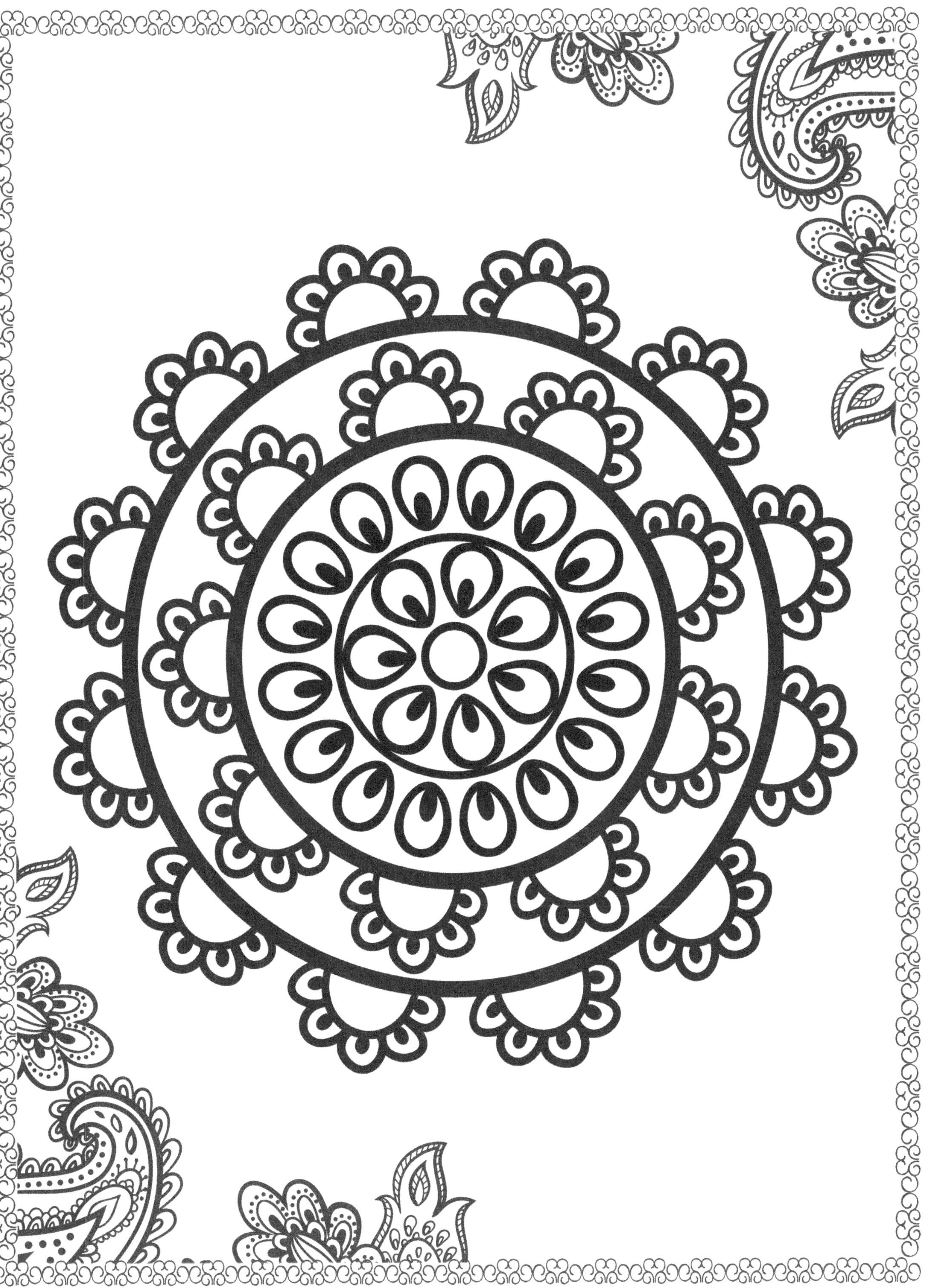

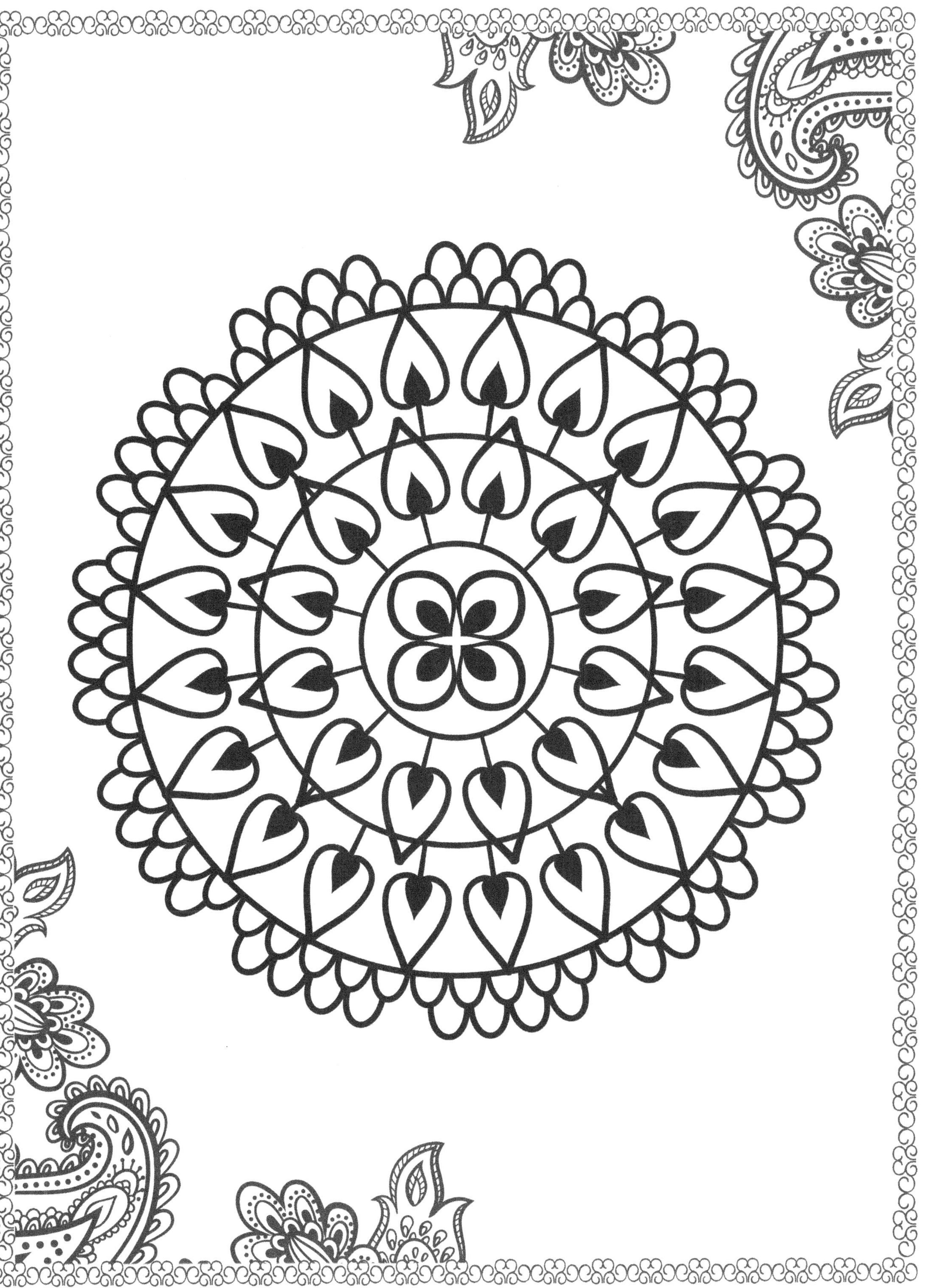

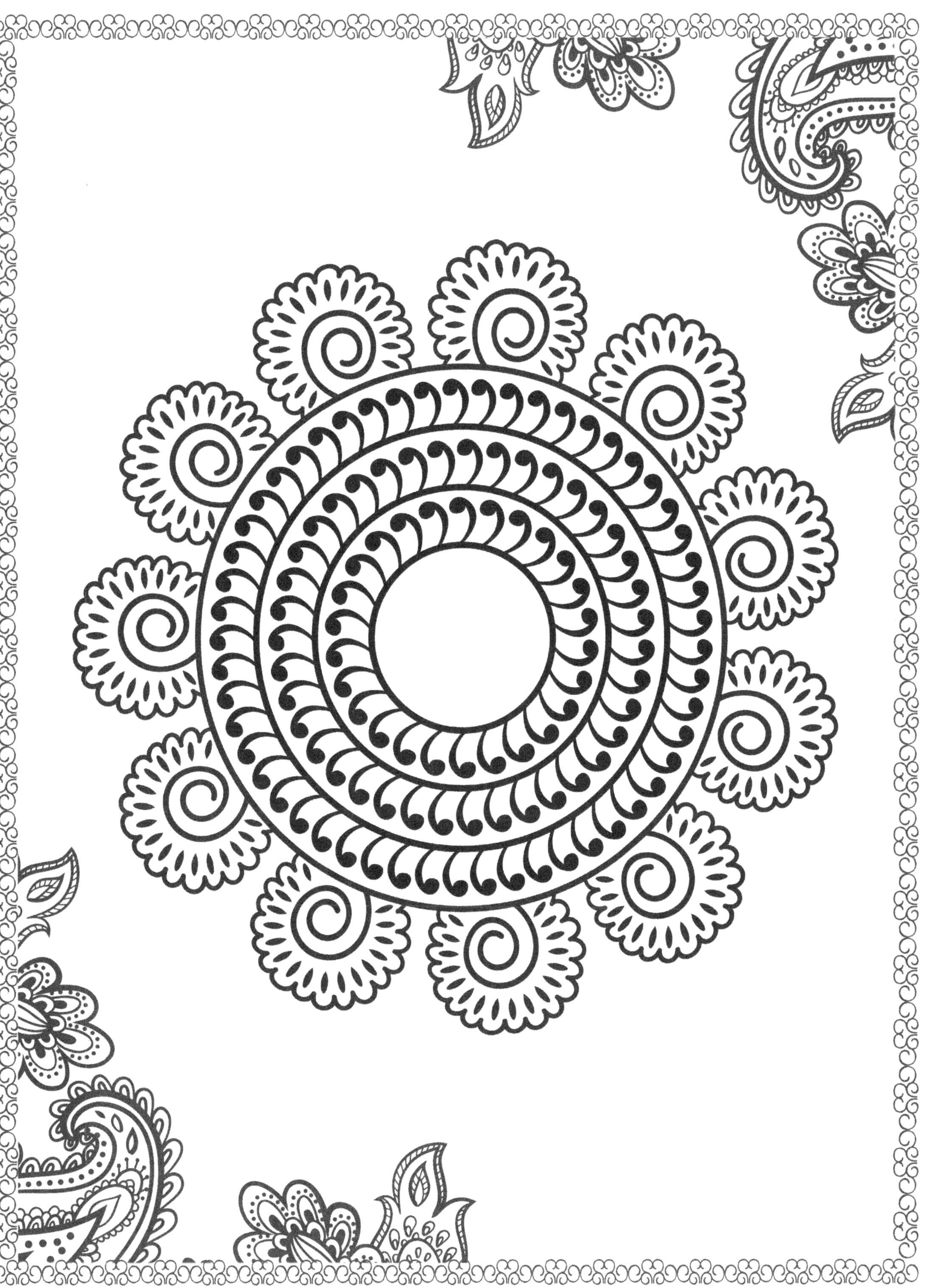

COLORING
BANDIT

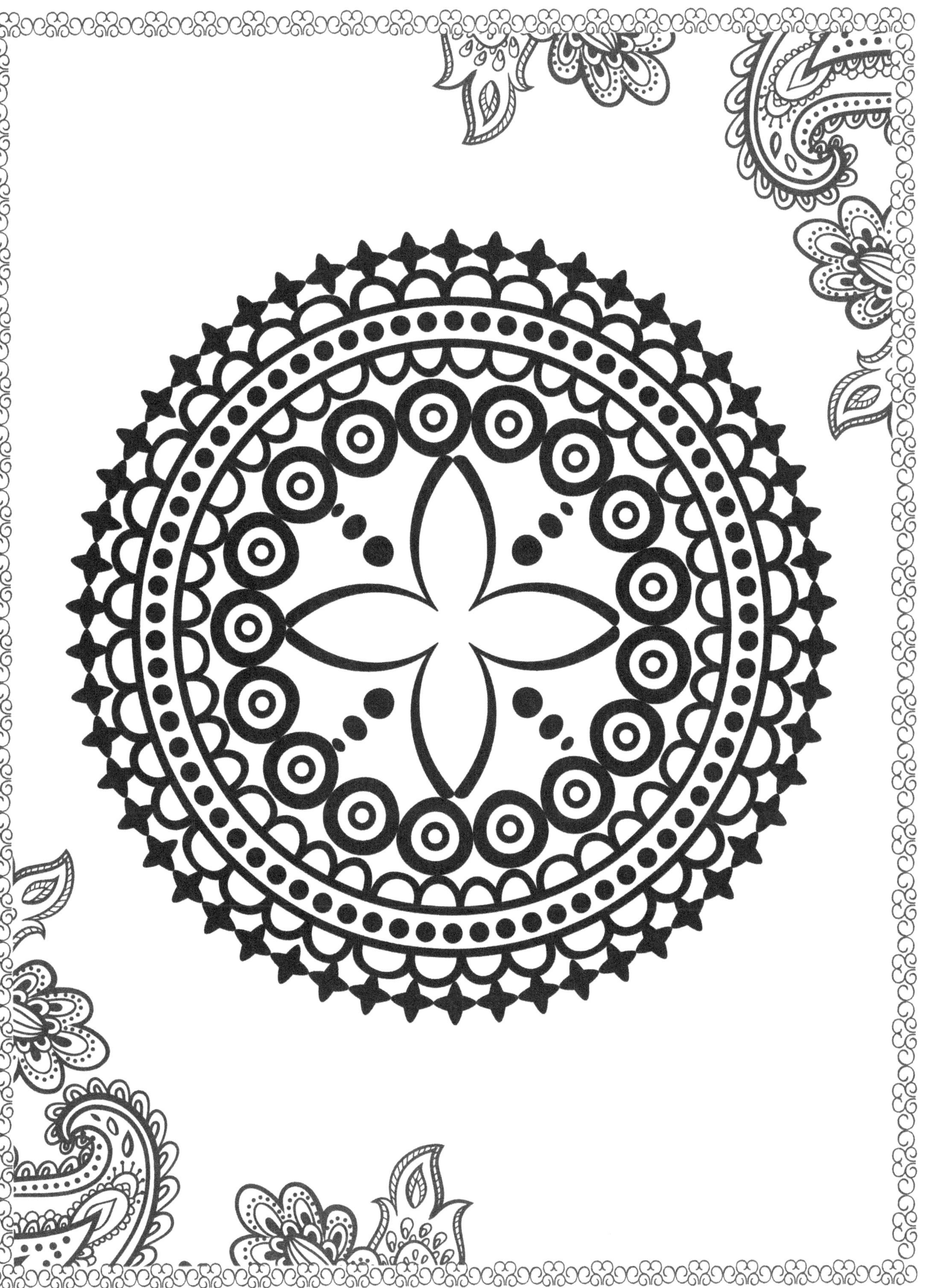

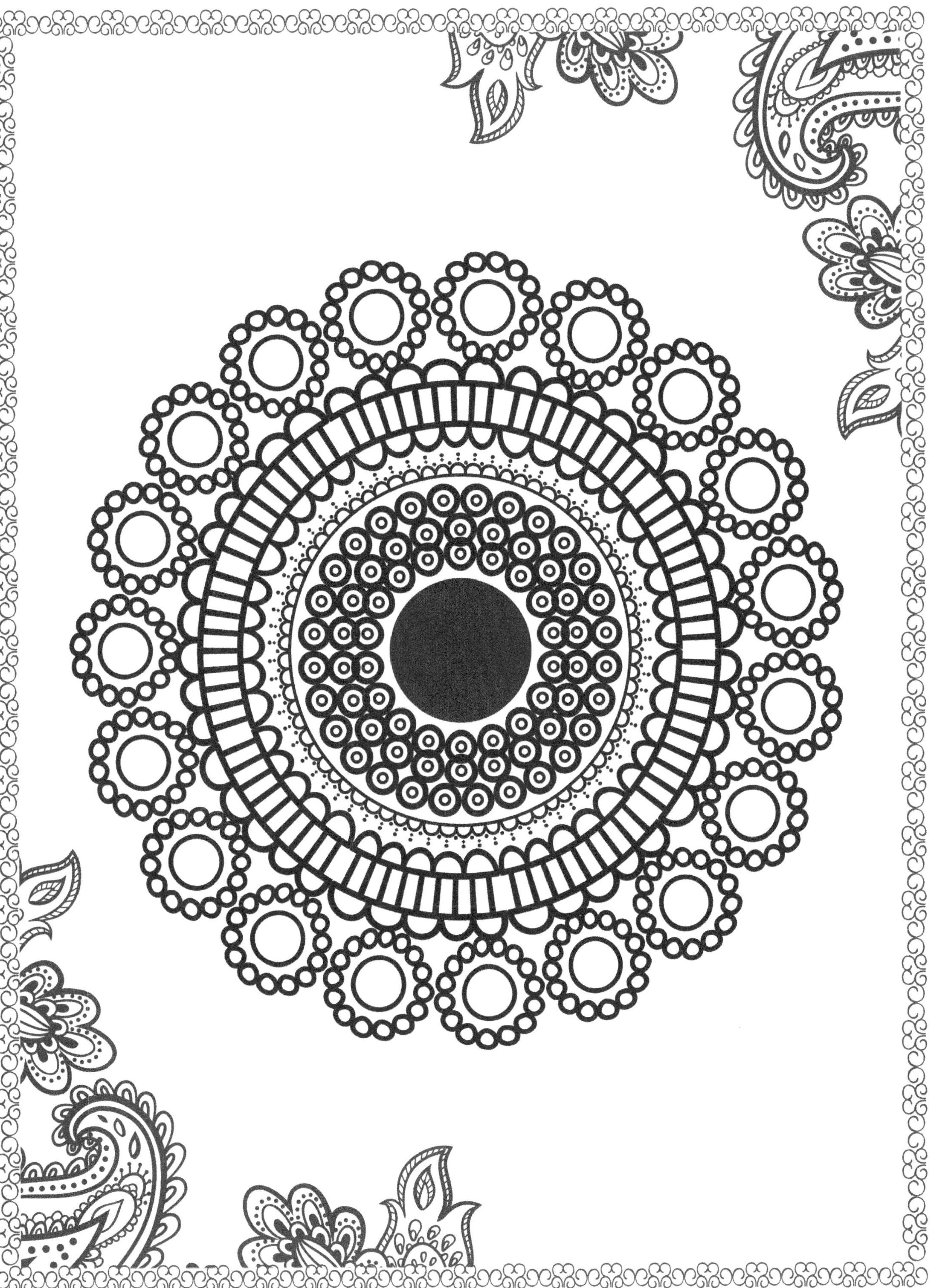

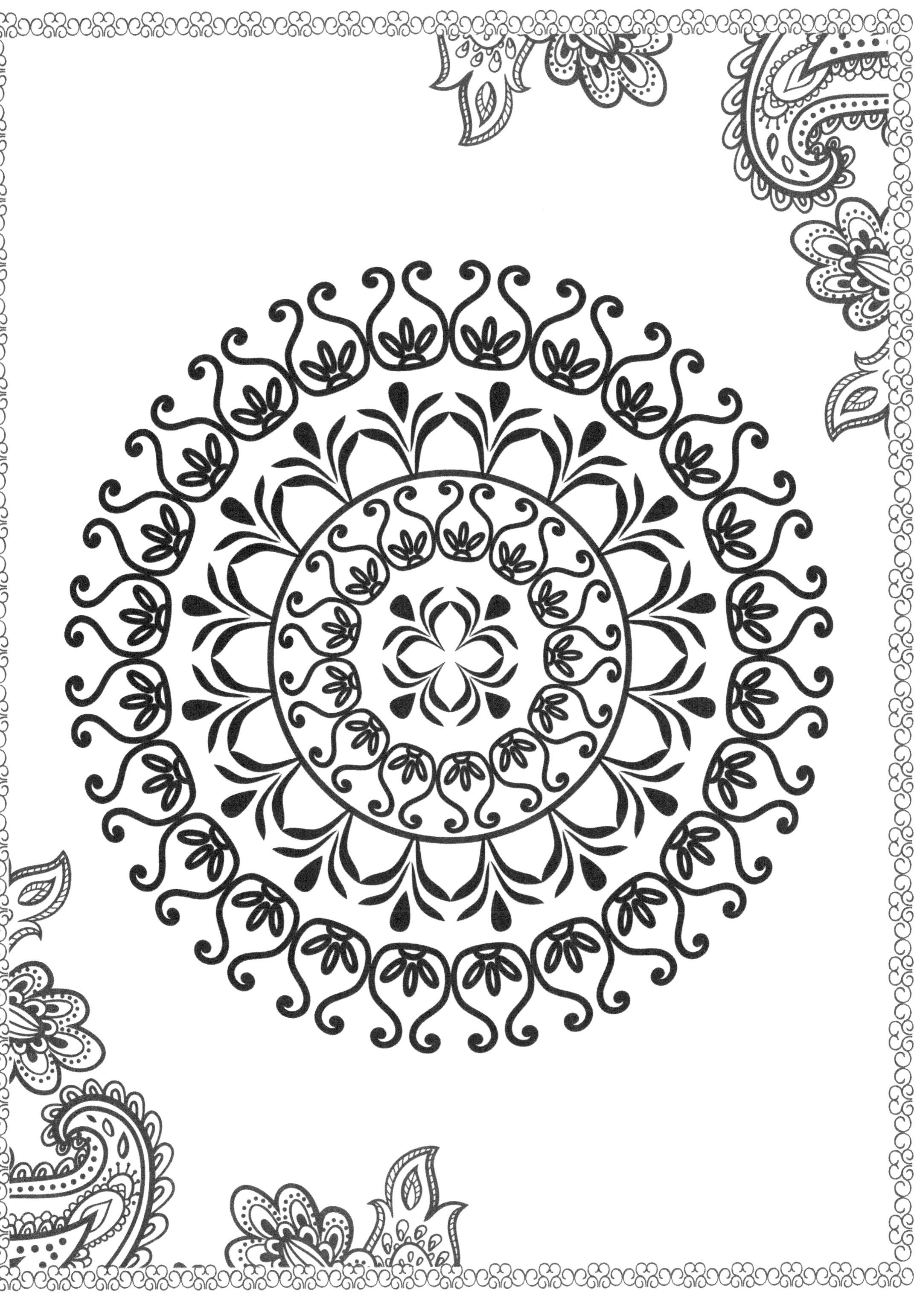

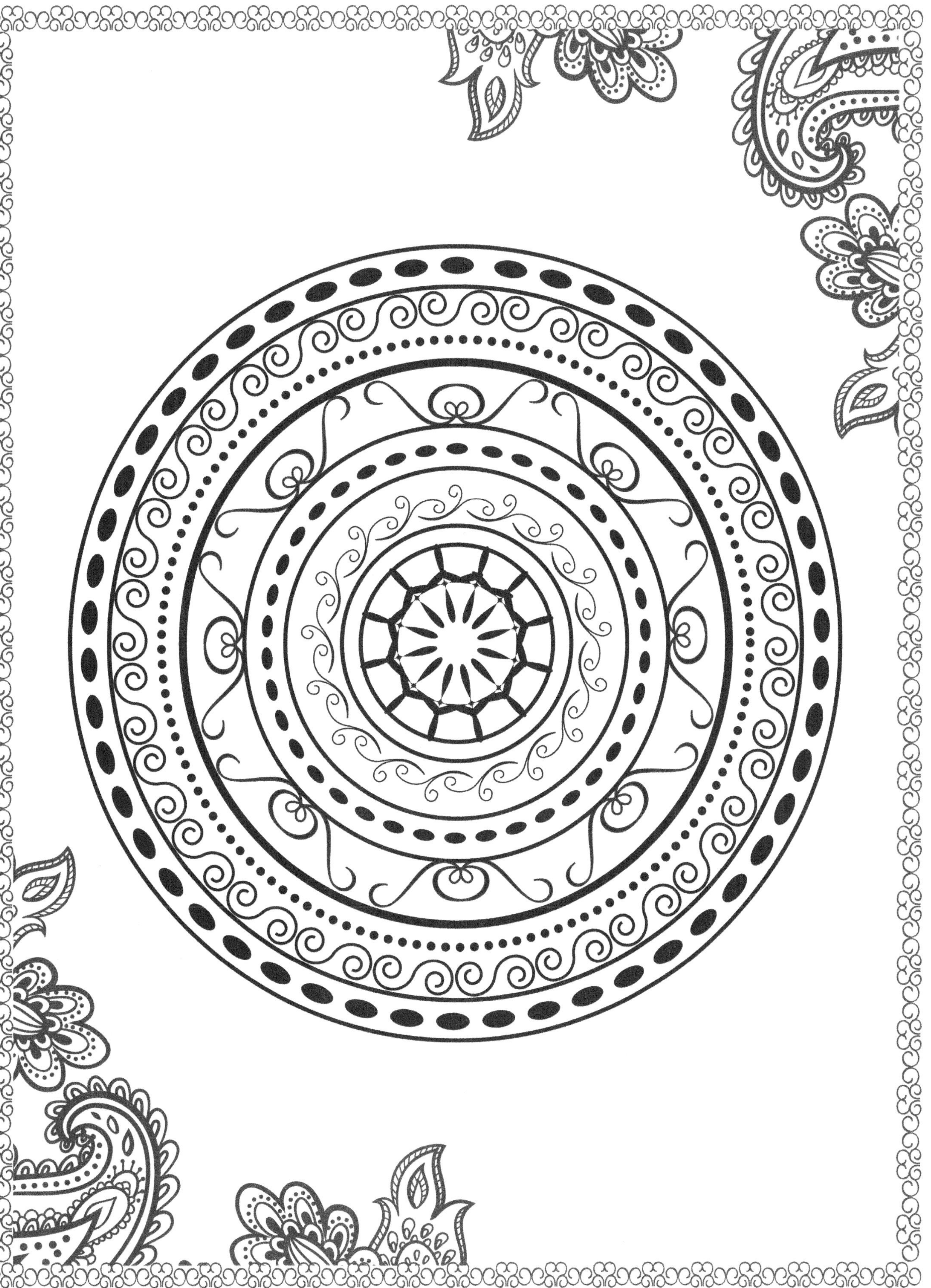

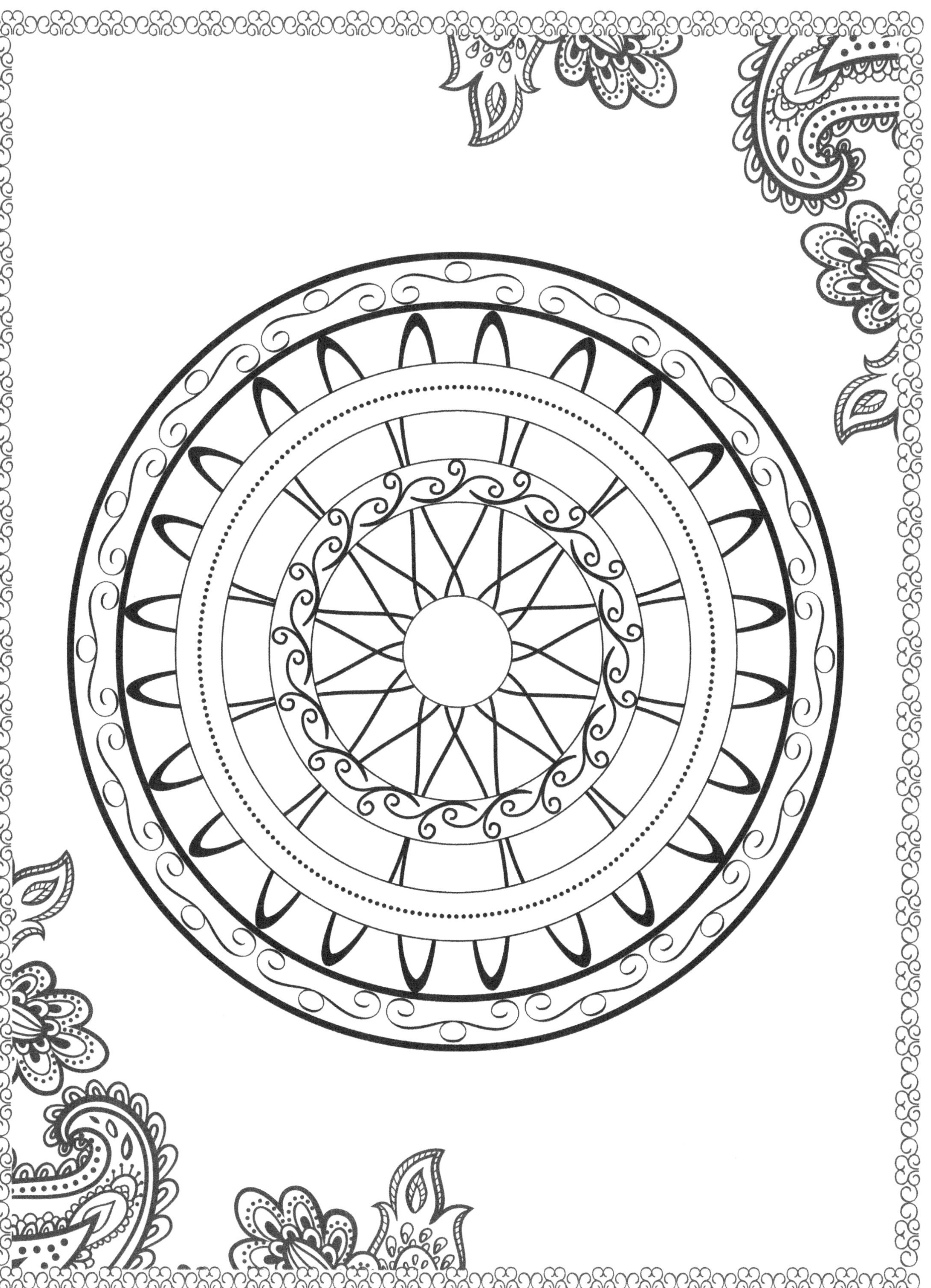

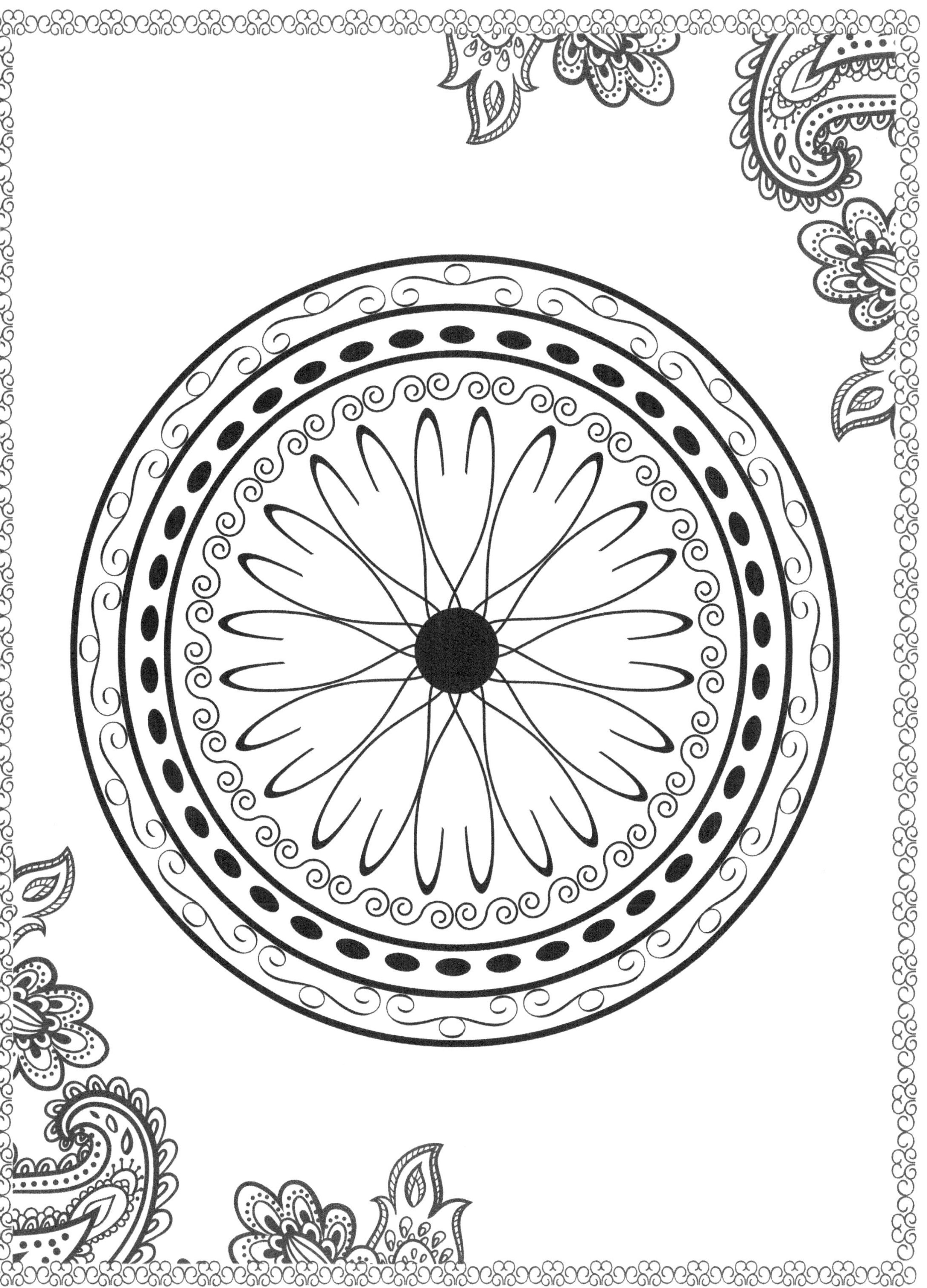

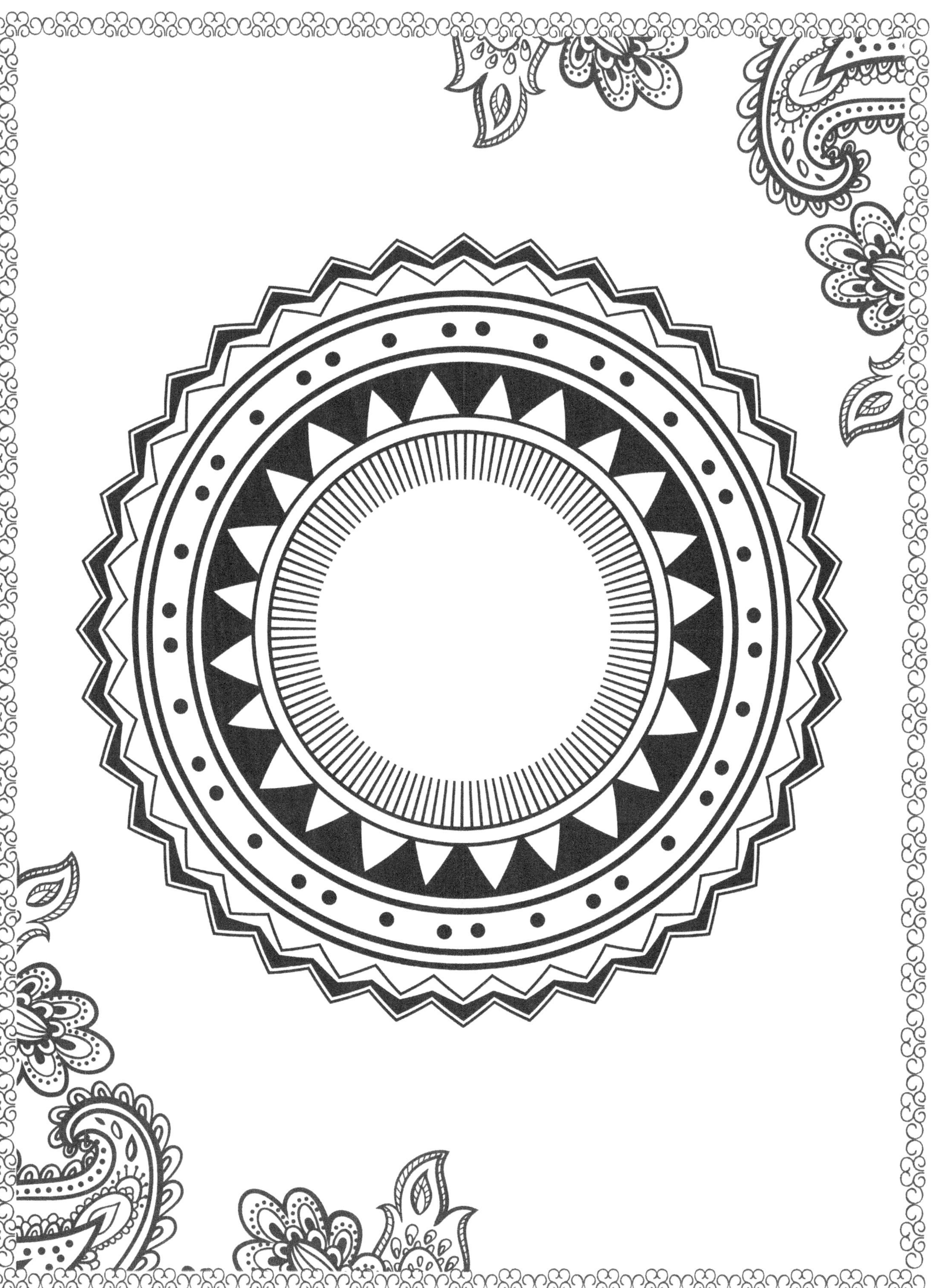

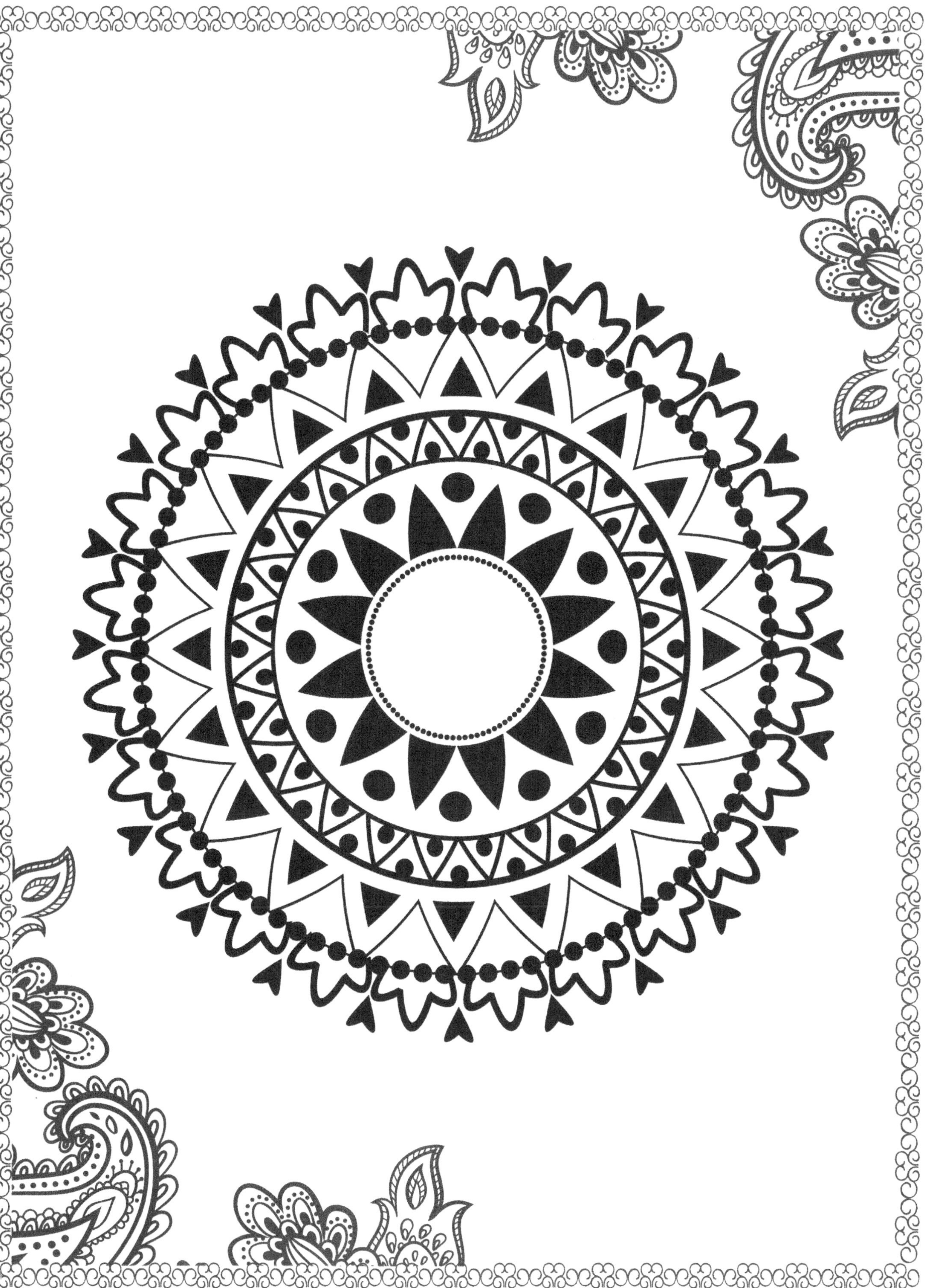

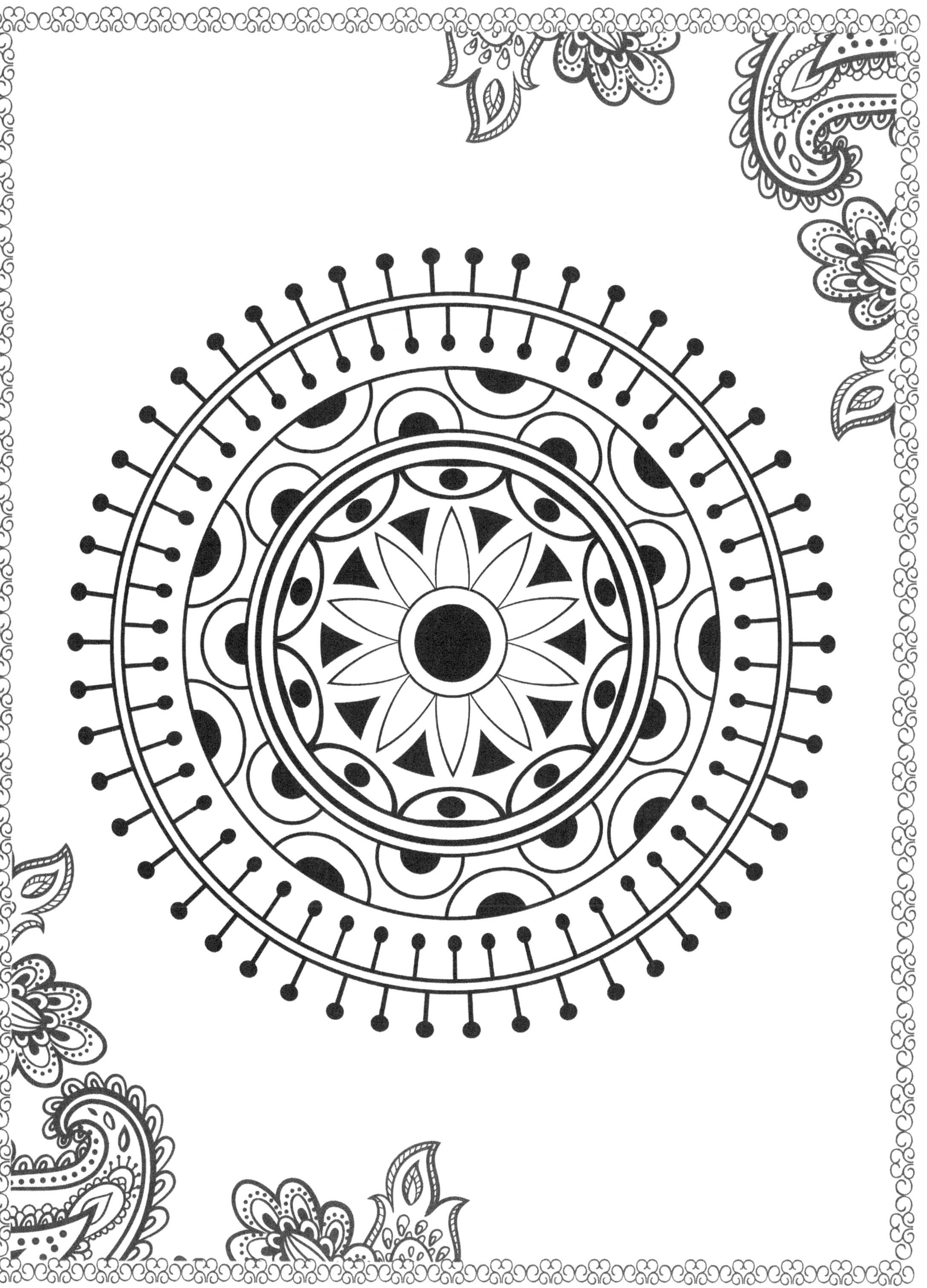

C'est une purge par Page si vous utilisez un coloriage feutre ou un stylo!
Trouver d'autres grands titres par la recherche de *Coloriage Bandit* sur Favorite livre détaillant
Amazon.Ca | Barnes & Noble (BN.Com) | J'ai Des Livres 1 Million (BAM.Com)

C'est une purge par Page si vous utilisez un coloriage feutre ou un stylo!
Trouver d'autres grands titres par la recherche de *Coloriage Bandit* sur Favorite livre détaillant
Amazon.Ca | Barnes & Noble (BN.Com) | J'ai Des Livres 1 Million (BAM.Com)

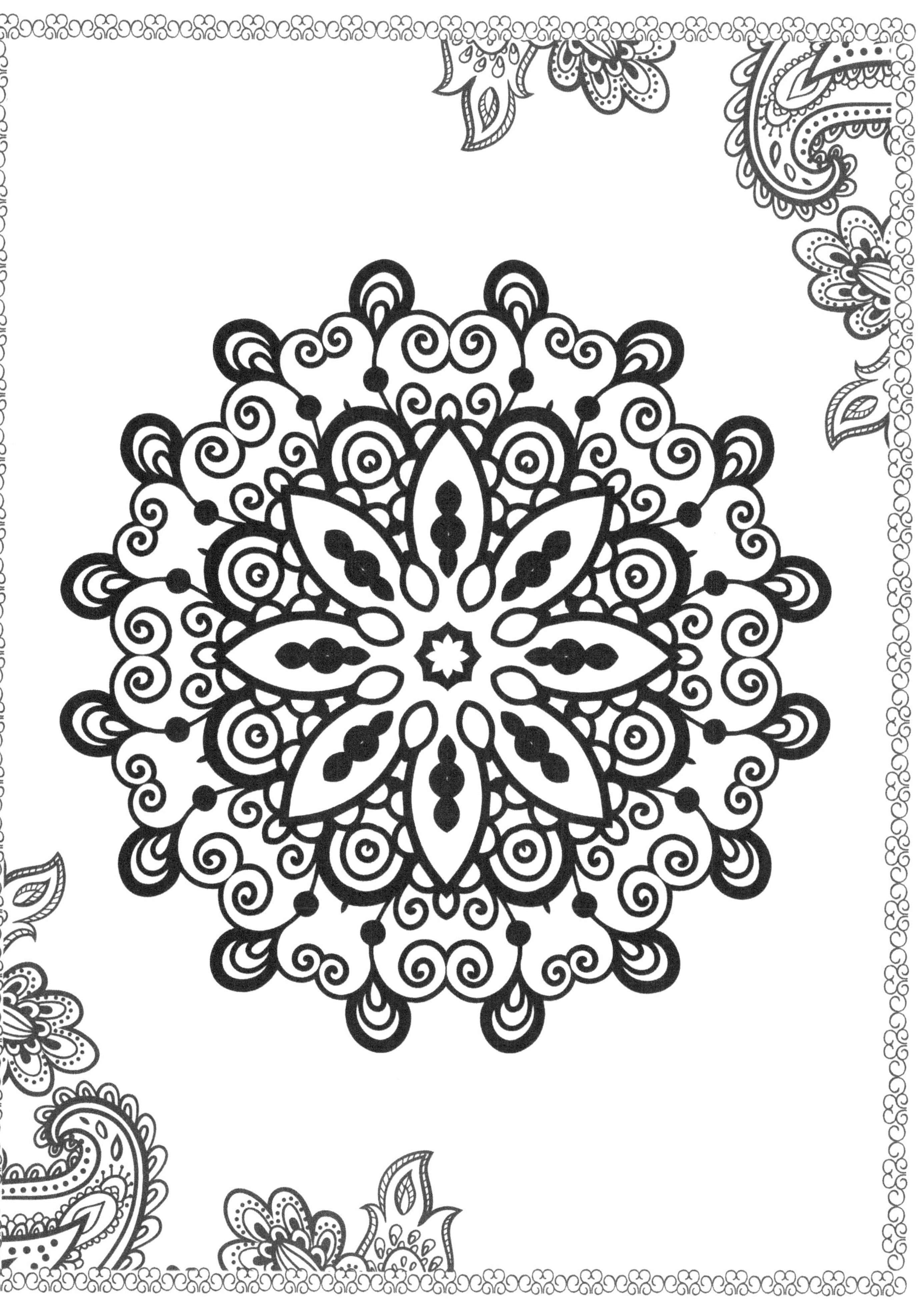

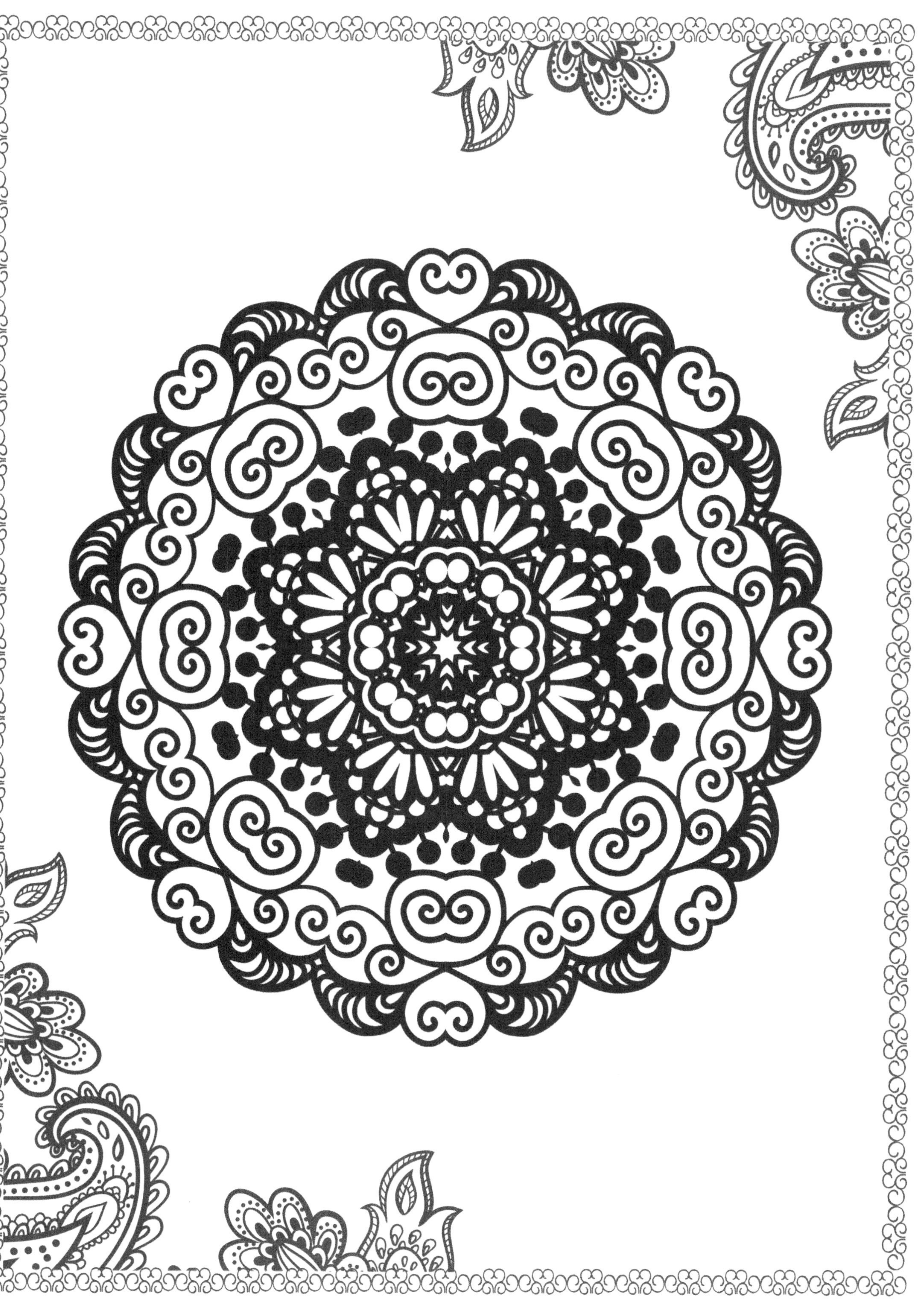